C. J. Gerd Rohde

GEISTESKÖRPER

Eine Interpretation
der Monadenlehre von Leibniz

D1664878

>>> edition das andere buch

Osnabrück 2002

Bibliografische Information Der Deutschen Bibliothek
Die Deutsche Bibliothek verzeichnet diese Publikation in der Deutschen
Nationalbibliografie; detaillierte bibliografische Daten sind im Internet über
http://dnb.ddb.de abrufbar.

Dr. C. J. Gerd Rohde

GEISTESKÖRPER

Eine Interpretation
der Monadenlehre von Leibniz

>>> edition das andere buch

Osnabrück 2002

Monadenlehre

INHALT

KAPITEL 1
Die Natur des Geisteskörpers 11

KAPITEL 2
Das Handeln des Geisteskörpers...35

KAPITEL 3
Die Entwicklung des
Geisteskörpers.............................49

KAPITEL 4
Die Wirkung der Liebe 71

KAPITEL 5
Eine Utopie - der Liebesstaat 115

KAPITEL 1

Die Natur des Geisteskörpers

§ 1

Die in diesem Buch beschriebenen Geisteskörper sind nichts anderes als isolierte Stoffe, die mit vielen anderen Stoffen zusammengefügt sind. Isoliert bedeutet nur, dass dieser Stoff nicht zusammengefügt ist.

§ 2

Isolierte Stoffe gibt es, weil es zusammengefügte Materie gibt: Denn
zusammengefügte Materie ist nichts
anderes als eine Bildung oder Verbindung von Isoliertem.

§ 3

Wenn etwas isoliert ist, hat dieser
Stoff keine Teile mehr, keine Aus-
dehnung, keine äußere Gestalt:
Eine Zerlegung ist nicht mehr
möglich. Unser Geisteskörper ist
daher das wahre Atom der Natur -
nämlich nicht spaltbar - und tat-
sächlich der Grundbestandteil aller
Materie.

§ 4

Geisteskörper können nicht ver-
schwinden und denknotwendiger-
weise kann kein isolierter Stoff sich
in der Natur in Nichts auflösen.

§ 5

Umgekehrt kann ein isolierter Stoff nicht auf irgendeine natürliche Weise plötzlich in unserer Welt erscheinen, da dieser Stoff nicht durch Zusammenfügen gebildet werden kann.

§ 6

Wir können also feststellen, dass die Geisteskörper schon immer existierten und nie sterben oder untergehen können, während zusammengefügte Materie aus isolierten Stoffen entsteht und in diese zerfällt.

§ 7

Daher müssen wir akzeptieren, dass unser Geisteskörper nicht durch unsere Umwelt bewegt oder verändert werden kann. Denn in ihm kann man nichts verändern oder eine innere Bewegung bemerken, die in ihm von außen verursacht, von anderen gesteuert oder quantitativ beeinflusst worden wäre. Anders geschieht es natürlich bei zusammengefügter Materie, die eine Veränderung ihrer Teile erlebt. Unsere Geisteskörper jedoch besitzen keine Fenster, durch die etwas hineinblicken oder herausleuchten kann. Nichts, weder Zufall, natürliche Begebenheiten noch ideelle Vorstellungen können die Qualität unseres Geisteskörpers beeinflussen.

§ 8

Jedoch müssen unsere Geisteskörper gewisse Qualitäten, Eigenschaften ihrer selbst Willen haben,
anderenfalls sie keine Wesen wären, die real in uns sind. Wenn unsere Geisteskörper sich nicht
durch bestimmte Eigenschaften
unterscheiden würden, gäbe es
keine Unterschiede im Kosmos und
jeder Mensch wäre nicht nur
gleichwertig, sondern gleich, da
Unterschiede in der zusammen-
gefügten Materie nur herrühren
können, indem auch ihre isolierten
Stoffe sich unterscheiden.

Anders ausgedrückt:

Wenn unsere Geisteskörper nicht
individuelle Eigenschaften hätten,

so wären alle absolut gleich, denn quantitative körperliche Unterschiede gibt es bei ihnen ohnehin nicht.

Da es naturwissenschaftlich ein absolutes Nichts jedoch nicht gibt, sind Veränderungen wie Geburt, Krankheit, Tod, die Einfluss auf unseren Geisteskörper haben, nicht qualitativer - denn unser Geisteskörper bleibt in sich unverändert -, sondern nur quantitativer Natur, d.h.: Existenz in veränderter Form!

§ 9

Also muss sich jeder Geisteskörper
von anderen unterscheiden, da
sich in der Natur kein Wesen
absolut gleicht, ja jedes Ei sich
nicht dem anderen Ei gleicht,
ansonsten sie „eins" wären und wir
zumindest einen inneren oder sich
für die Zukunft entwickelnden
Unterschied feststellen könnten:
Jeder Geisteskörper ist ein
Individuum.

§ 10

Wenn ich in § 6 sagte, dass unsere Geisteskörper schon immer exis- tierten und unsterblich sind, so bedeutet dies nicht, dass sie immer dieselben sind, vielmehr verändern sie sich stetig.

§ 11

Diese Veränderungen unserer Geisteskörper sind nicht willkürlich, sondern beruhen auf ihren inneren Prinzipien, da Anstöße von außen auf ihre innere Kraft keinen Einfluss haben können.

§ 12

Wenn wir feststellen, dass sich jeder unserer Geisteskörper stetig
verändert, so müssen wir ergänzen,
dass sich jeder Geisteskörper verschieden verändert: Dies allein
macht die Vielfältigkeit und die Individualität aller Geisteskörper
aus.

§ 13

Diese Individualität setzt eine unendliche Menge von Gemeinsamkeiten voraus, die sich jedoch gradweise verändern: Einiges verändert sich - anderes beharrt.

In unserem Geisteskörper - auch wenn er eine Einheit ist - gibt es eine Vielzahl von Entwicklungen, die darüberhinaus miteinander in Beziehung stehen und voneinander abhängig sind.

§ 14

Unser Geisteskörper ist zuweilen fähig, sich seiner Einbettung im Kosmos zu vergegenwärtigen, was wir jedoch von dem bewußten und geistigen Nachvollziehen unterscheiden wollen.

Dieses Vergegenwärtigen der Einheit und des Einsseins mit allen Geisteskörpern ist verschieden von der intellektuellen Vorstellung, dass wir ein Teil des Kosmos und somit verbunden sind mit allen Teilen der Natur: Höher entwickeln kann sich unser Geisteskörper nicht durch intellektuelle Anstrengung, sondern nur durch die Erkenntnis, dass wir uns die Einheit aller Geisteskörper vergegenwärtigen müssen.

§ 15

Wenn unser Geisteskörper sich etwas vergegenwärtigt, dann ist dies eine dramatische Suche - seine leidenschaftlichen Bemühungen nach dem, was wir erkennen können: Vergegenwärtigen gleicht einer „Sucht" des Geisteskörpers nach Erkenntnis. Diese Suche nach Erkenntnis ist nicht immer absolut erfolgreich, doch jedesmal führt sie zu neuen richtigen Vorstellungen.

§ 16

Wenn wir uns der Einbettung im Kosmos bewusst werden, erkennen wir, dass alles einem unendlichen Wandel in uns selbst, unseren Freunden und unserer Umwelt unterworfen ist. Diese Spannung zwischen Eingebettetsein im Kosmos und damit Einssein aller Geisteskörper und andererseits ständigem Wandel müssen wir einfach akzeptieren und fördern - denn nur so erreichen wir die richtigen Vorstellungen.

§ 17

Nebenbei stellen wir fest, dass das Vergegenwärtigen und sein Produkt nach unseren derzeitigen naturwissenschaftlichen Vorstellungen und ihrem Erkenntnisstand nicht erklärbar ist. Gäbe es einen Computer, der Gedanken und Empfindungen ausdrücken, ja selbst den Weg des Vergegenwärtigens darstellen könnte, so würde man sich diesen Computer bei seiner Funktion, selbst den kleinsten Microchip, in seinen Teilen zerlegt vorstellen können und wir würden nur sinnvoll zusammengefügte Einzelteile finden, die ihre Funktion erfüllen, jedoch nichts, das ein Vergegenwärtigen bewirken könnte.

Daher kann kein Computer oder eine zusammengefügte Materie sich etwas vergegenwärtigen. Dies kann nur unser Geisteskörper: Er allein richtet seine ganze Kraft darauf, sich des steten Wandels aller Geisteskörper zu vergegenwärtigen.

§ 18

Unseren Geisteskörpern könnten wir viele Namen geben: Wahres Atom, Kraft, Bewegung, Energie, Dynamik, „innerste" Seele, Abbild des Kosmos. Denn sie enthalten einerseits bereits das ganze Universum in sich, in ihnen ist alles Reale und Geistige enthalten, das sie andererseits automatisch zum steten Wandel veranlasst.

KAPITEL 2

Das Handeln des Geisteskörpers

§ 19

In dem oben beschriebenen allgemeinen Sinn vergegenwärtigen sich alle Geisteskörper den Kosmos und streben nach Erkenntnis: Sie wären demnach alle das, was wir im Unterschied zum Körper „Seele" nennen. Kein Geisteskörper gleicht dem anderen, ja sie sind auch nicht gleichwertig. Jegliche Materie bildet sich aus Geisteskörpern, doch haben diejenigen nicht die gleiche Stufe der Erkenntnis erreicht, die lediglich das Streben haben, dem Programm nach Verbindung und Bildung von Materie zu folgen, wie die Geisteskörper, die fähig sind, sich bewusst etwas zu vergegenwärtigen und sich diesen Vorgang auch wieder in das Gedächtnis zurückrufen.

§ 20

Auch wir bemerken bei uns zuweilen einen Zustand, in dem wir uns nichts bewusst vergegenwärtigen oder an Einzelheiten erinnern können, etwa nach einem tiefen „traumlosen" Schlaf oder wenn wir ohnmächtig werden. In einem solchen Zustand können wir uns nicht bewusst die Einheit aller Geisteskörper vergegenwärtigen, wenn wir uns dieser jedoch bewusst werden, erreicht unser Geisteskörper eine höhere Stufe der Erkenntnis.

§ 21

Das heißt jedoch nicht, dass Geisteskörper der unteren Stufen sich überhaupt nichts vergegenwärtigen können. Da auch sie nicht untergehen und ohne Wandel nicht fortbestehen können, vergegenwärtigen auch sie, zumindest unbewusst und folgen ihrem Programm entsprechend den Gesetzen des Kosmos: Ja, auch bei uns Menschen führt das längere Fehlen bewussten Vergegenwärtigens zum Tod, bis unsere Geisteskörper sich wieder ihr Eingebettetsein im Kosmos bewusst vergegenwärtigen können.

§ 22

Jeder gegenwärtige Zustand eines Geisteskörpers ist eine natürliche Folge seines vorhergehenden Zustandes. Ebenso produziert der gegenwärtige Erkenntnisstand des Geisteskörpers seine zukünftige Weiterentwicklung.

§ 23

Sind wir - aus welchen Gründen auch immer - betäubt, so haben wir nur verworrene Vorstellungen, die - sind wir aus der Betäubung erwacht - uns bewusst werden: Also vergegenwärtigen wir uns in jedem Zustand der Einheit aller Geisteskörper, doch höhere Erkenntnis erlangen wir nur, wenn wir unser Bewusstsein dafür öffnen.

§ 24

Allein dies unterscheidet unseren Geisteskörper von dem einer einfachen Zelle, die sich zu Materie zusammenzufügen strebt.

§ 25

Auf höherer Stufe stehen zum Beispiel auch die Empfindungen der Tiere, die durch ihre verschiedenen Sinnesorgane nicht nur unterschiedliche Sinneseindrücke in unserer Umwelt sammeln, vielmehr darüberhinaus sich ihrer Empfindungen der Vergangenheit erinnern und zuweilen besser als jeder Mensch miteinander kombinieren können: Ihre Sinne sind bei einigen in Teilbereichen weiterentwickelt als die menschlichen und dies hat selbstverständlich auch Einfluss auf ihre Geisteskörper.

§ 26

Wenn sich etwa der Geisteskörper eines Tieres erinnert, so geschieht dies in einem komplizierten Prozess der Vernetzung aller Vorstellungen, was jedoch noch nicht das Stadium des sich Vergegenwärtigens erreichen kann. Ein Tier empfindet die lebhaften damaligen Eindrücke und die gleichen Vorstellungen erfassen seinen Geisteskörper. In der Folge werden ohne Veränderung oder weitergehende Reflexion dieselben Verhaltensmuster in der Erinnerung wachgerufen und danach in die Tat umgesetzt.

§ 27

Umgekehrt richtet sich die Erinnerung und damit die jetzige Vorstellung der Ereignisse nicht nach der Stärke der momentanen Einwirkung, sondern nach der Macht oder Dauer der vergangenen Einflüsse.

§ 28

Nicht fortgeschrittener ist ein Mensch, der lediglich sein Denken aus den Erfahrungen der Vergangenheit herleitet. Mögen diese Erfahrungen noch so wahrheitsgetreu in das Gedächtnis zurückgerufen werden, so sind diese - auch in ihrer Kombination - nur Erinnerungen an Vergangenes und sagen nur aus, dass wir etwas erlebten, aber nicht warum es geschah.

KAPITEL 3

Die Entwicklung
des Geisteskörpers

§ 29

Dem gegenüber sind wir fähig, die
ewige und notwendige Wahrheit zu
erkennnen: Unser Geist und Ver-
stand drängen uns zu der Erkenntnis, was wir sind und vergegenwärtigen sich unseres Geisteskörpers. Dies allein unterscheidet
uns von bloßer Materie und bewirkt Veränderung durch Erkenntnis.

§ 30

Wenn wir wissen, was wahr ist und dies auf unsere Umwelt übertragen, finden wir auch zu uns selbst: Beschäftigen wir uns mit uns selbst, so erkennen wir unsere Zweifel, unsere Hoffnungen und die Lösung von allem - die Liebe, die alle inneren und äußeren Grenzen überwindet, die unser Vernunftdenken einschränkten.

§ 31

Unser Vernunftdenken hat zwei Grundsätze: Nämlich zum einen die Logik, über die wir trefflich streiten können.

§ 32

Zum zweiten versuchen wir, plausible Erklärungen für die tatsächlichen Verhältnisse zu finden und diese Vermutungen finden zumindest ein interessiertes Publikum.

§ 33

So gebrauchen wir zwei Wahrheiten, die des Geistes und die der
Realität. Was wir denken ist immer
richtig, das Gegenteil ist umöglich:
Vorausgesetzt, wir haben uns in-
tellektuell ehrlich verhalten und
unsere Gedanken auf einfache und
ursprüngliche Grundsätze beschränkt. „Tatsachenwahrheiten" -
die Realitäten - jedoch sind zufällig
und können sich stets ändern.

§ 34

Wollen die Wissenschaftler wirklich die Lehrsätze der Theorie und die Regeln der Praxis auf die Analyse von Begriffsbestimmungen, Grundsätzen und begriffliche Voraussetzungen reduzieren, ohne die Weiterentwicklung der Geisteskörper mit ihrer dramatischen Suche des Vergegenwärtigens zu berücksichtigen?

§ 35

Es gibt schließlich einfache Ideen, von denen man keine Begriffsbestimmungen geben kann. Dann gibt es Grundsätze und begriffliche Voraussetzungen und ursprüngliche Grundregeln des sittlichen Verhaltens, die nicht bewiesen werden können und es auch nicht müssen, nämlich inhaltlich nicht unterscheidbare Sätze, deren Gegenteil einen Widerspruch ausdrücken.

§ 36

Vergegenwärtigen können wir uns auch die Zufalls- oder Tatsachenwahrheiten: Wir sehen alle anderen Geisteskörper des Universums und ihre Vielfalt in der Erkenntnis, dass diese den ganzen Kosmos in sich tragen. Wir beschäftigen uns in dieser Schrift doch lediglich mit der Unendlichkeit der Lebewesen in ihren vielen Dimensionen und verschiedenen Verkörperungen, so in der Vergangenheit - vor allem von heute - und ihrer konkreten Zukunft an allen vorstellbaren Orten. Ihr „Motor", das Vergegenwärtigen der Liebe, funktioniert durch unendliche, vergangene, heutige und erhoffte Vorstellungen, also zeitlosen Gefühlen, Instinkten und natürlichen Anlagen.

§ 37

Diese verschiedenen Empfindungen auf mehreren unserer Ebenen,
die gleichzeitig Vergangenheit,
Heute und die Zukunft berühren
und jedes noch täglich verschieden, können wir uns nur vergegenwärtigen, wenn wir eine Kraft
der Bewegung dabei als Hilfe ver-
spüren.

§ 38

So muss die Ursache der Entwicklung in einer sich stets erneuern-
den Energie liegen, in der das
Wachstum selbst seinen Ort hat,
wie eine nie versiegende Quelle,
das ist die Liebe.

§ 39

Da diese Energie von allen emp-
funden wird und alle verbindet,
gibt es nur eine Liebe und diese
Liebe genügt.

§ 40

Wir folgern, dass diese höchste
Energie, die einzig, allumfassend
und notwendig ist, da alles von ihr
abhängt, einfach unsere Existenzgrundlage bildet, unbegrenzt ist
und stets und überall ihre Kraft
entfaltet.

§ 41

Daraus folgt, dass die Liebe absolut vollkommen ist, wobei die Vollkommenheit genau genommen nichts anderes ist als die Größe der positiven Wirklichkeit, die man empfindet, wenn man die von außen gesetzten Begrenzungen oder inneren Schranken fallen läßt. Wo es aber keine Schranken gibt, d.h., in der Liebe, da ist die Vollkommenheit absolut unendlich.

§ 42

So verdanken wir unsere mögliche Vollkommenheit nur dem Einfluß der Liebe, während der Mangel in der Leere in uns selbst liegt. Wir selbst sind isoliert. Die Liebe jedoch ist schrankenlos und kann die natürliche Trägheit in uns bewegen.

§ 43

Es ist auch wahr, dass die Liebe nicht nur die Quelle aller unserer Aktivitäten, sondern auch die aller unserer Chancen für die Zukunft ist, soweit sie real sind oder von denen etwas enthalten ist, was nur den Funken einer Realität hat. Denn die Liebe hat die Kraft, die universellen Wahrheiten und Ideen zu verwirklichen, denn sie hängen nur von ihr ab, weil ohne Liebe nichts möglich ist, nichts wirklich lebt und es auch keine Chance für die Zukunft gibt.

§ 44

Wenn wir wirklich eine Chance für die Zukunft haben und es eine Wahrheit, wie in § 29 beschrieben, gibt, so ist sie real, verwirklicht sich in unserer Natur von selbst und wir müssen sie nur „zulassen“. Dann wird unser Geisteskörper tätig, um zu erreichen, was wir wünschen, gleich, ob wir uns das bereits jetzt vorstellen können oder ob wir glauben, „noch Berge versetzen“ zu müssen.

§ 45

Lassen wir die Liebe zu, so wird uns eine unerschöpfliche Energie geschenkt. Die Liebe kennt keine Grenzen, keinen Widerspruch und keinen negativen Gedanken; an diesen Auswirkungen erkennen und fühlen wir sie, nicht nur durch die Beweisführung in dieser Schrift. Dazu hat unser gesunder Menschenverstand erkannt, dass das, was uns zufällig geschieht, letztendlich und erkennbar nur Folge des Mangels oder der Fülle an Liebe ist.

§ 46

Wahres Glück hängt von der Liebe ab, doch ist das Glück weder schwankend noch lässt es sich durch Liebe erzwingen. Anders ist es mit unseren täglichen Pflichten, die wir mit angemessenem Fleiß und Einsatz unserer Fähigkeiten erfüllen sollten. Unsere menschliche Erfüllung dagegen finden wir nur in der Liebe, wenn wir sie in unsere Handlungen stets einfließen lassen.

§ 47

Somit ist die Liebe allein allumfassend und die sich selbst erzeugende Energie. Sie hat unsere Geisteskörper zum Leben erweckt und immer wieder erneuert. Durch sie werden wir immer wieder neu geboren und, soweit wir fähig sind zu vergegenwärtigen, der Erfüllung unseres Lebens näher gebracht.

KAPITEL 4

Die Wirkung der Liebe

§ 48

Die Liebe bewirkt unaufhaltsam und unerschöpflich alle Empfindungen und Wünsche des Strebens nach Vergegenwärtigen, erkennend, dass wir dadurch glücklich sind. Das Wohlbefinden unseres Geisteskörpers hängt von dem ab, womit wir uns beschäftigen, wie wir unsere Seele pflegen, was wir wahrnehmen und wonach wir von Herzen streben. Die Liebe dagegen ist davon losgelöst, sie ist unendlich und in sich vollkommen, während wir und unsere Vorstellungen von der Zukunft nur Versuche sein können, vollkommene Liebe zu erfahren.

§ 49

Wir wirken nach außen, soweit wir einen hohen Grad von Liebe besitzen und leiden unter den Umständen, wenn wir Mangel an Liebe haben. Unser Geisteskörper ist aktiv, wenn wir deutliche Wahrnehmungen haben und er leidet, wenn er nicht vergegenwärtigt.

§ 50

Der Geisteskörper ist vollkomme-
ner, der bereits vergegenwärtigt
hat, was entsprechend den kosmischen Gesetzen auch dem anderen
geschieht, weshalb er bereits dadurch auf den anderen einwirkt.

§ 51

Bei einfacher Materie jedoch sind diese Einflüsse eines Geisteskörpers auf den anderen nur so stark, wie hoch die Ebene des Vergegenwärtigens liegt. Auch hier wird das Einwirken nur durch die Liebe bewirkt. Je mehr Liebe der Geisteskörper nach außen gibt, desto mehr erhält er jetzt oder später. Da einfache Materie keinen Einfluss auf das Bewußtsein anderer haben kann, bewirkt diese Entwicklung allein die Energie der Liebe.

§ 52

Daher sind Geben und Empfangen bei den Geisteskörpern wechselseitig. Denn die Liebe findet, wenn sie zwei verschiedene Geisteskörper trifft, in jedem von ihnen diejenigen Gründe, die es ermöglichen, sie einander anzupassen: Was sich in bestimmter Hinsicht als aktiv erweist, ist von einem anderen Gesichtspunkt aus passiv. Die deutlich erkennbaren Eigenschaften werden auch Einfluß auf den anderen Geisteskörper haben und er wandelt sich in dem Sinne, dass der näher stehende Geisteskörper deutlich vergegenwärtigt.

§ 53

Da es nun eine Unendlichkeit von möglichen Universen in den Vorstellungen der Liebe gibt und nur ein einziges existiert, muss es einen plausiblen Grund für die Wahl der Liebe geben, die sich genau unseren Kosmos aussuchte.

§ 54

Die Liebe entscheidet nicht willkürlich, je harmonischer und voll-
kommener die Gemeinschaft der
Geisteskörper ist, umso mehr hat
sie das Recht und die Chance, in
allen ihren Mitgliedern Realität zu
werden.

§ 55

Aus diesem Wirken erkennen wir
die Weisheit und Güte der Liebe,
die so mächtig wirkt.

§ 56

Der Geisteskörper verbindet sich mit allen anderen und alle diese passen sich untereinander an, jeder hat Beziehungen mit allen anderen und diese wiederum geben ihre Empfindungen zurück, so dass ein jeder Geisteskörper ein lebender Spiegel des immerwährenden Universums ist.

§ 57

Wenn wir den selben Gegenstand von verschiedenen Seiten betrachten, so verändert er sich zuweilen. So scheinen infolge der unterschiedlichen Vielfalt der Geisteskörper auch unterschiedliche Universen zu existieren, doch sind diese nichts anderes als die verschiedenen Blickrichtungen jedes Geisteskörpers.

§ 58

Daraus erkennen wir, dass der Kosmos die größtmögliche Ordnung besitzt, gleichzeitig jede Individualität ermöglicht und wir die Vollkommenheit erreichen können.

§ 59

Lasst uns dabei verweilen: Die
Liebe ist die Energie, die Macht
und die Größe, die jeden Geisteskörper in Beziehung setzt und Antrieb der universellen Harmonie ist.

§ 60

Wir können dies auch ganz rational begründen. Die Liebe umfasst jede Phase von uns und die Gesamtheit unseres Geisteskörpers. Sie nimmt Rücksicht auf den Grad unseres Vergegenwärtigens und auf jede einzelne unserer Regungen. Letztere sind im Vergleich zum Universum natürlich nur verworren, doch sie sind nur durch die Liebe überall erkennbar, sonst wäre jeder Geisteskörper die Energie und die Liebe selbst. Die Schranken unseres Geisteskörpers liegen nicht an dem Objekt unserer Liebe, sondern an dem Grad des Vergegenwärtigens. Unsere Liebe ist anfangs verworren und auf das Unendliche aus. Dieses höchste ist jedoch beschränkt durch den Grad, wie wir vergegenwärtigen können.

§ 61

Dies trifft auf die einfache Materie genauso zu wie auf unseren Geisteskörper: Da es ein absolutes Nichts nicht gibt und ein Vakuum von Geisteskörpern nicht existieren kann, ist Regung der Materie auch bei den entfernteren Körpern zu bemerken.

Jeder Körper berührt nicht nur seinen Benachbarten, vielmehr spürt er auch die Regungen durch Vermittlung seines Nachbarn alle an diesen angrenzenden, so dass sich die Kommunikation der Geisteskörper über eine beliebige Entfernung erstreckt. Daher verspürt jeder Körper alles, was sich im Universum ereignet. Er vergegenwärtigt alles überall, sowohl was gegenwärtig geschieht, als auch was geschah oder geschehen wird.

Durch Erkenntnis der Gegenwart sind uns die in der Vergangenheit gesetzten Ursachen bewußt und wir wissen, was alles die gegenwärtigen Bedingungen für die Zukunft bewirken. Das Vergegenwärtigen geschieht unabhängig von Zeit und Raum wie Hypokrates auf Kos sagte: „alles atmet zusammen." Doch kann der Geisteskörper nur das erkennen, was er sich selbst klar vergegenwärtigt hat und kann nicht auf einmal alle Antworten in kürzester Zeit deuten, da diese Botschaften ins Unendliche gehen - wenn im brasilianischen Urwald ein Schmetterling mit seinen Flügeln schlägt, spüren wir es hier in Mitteleuropa.

§ 62

Zwar stellt jeder liebende Geisteskörper das gesamte Universum,
nämlich sein physisches Erschei-
nungsbild, wie den geistigen Kosmos dar, doch seinen materiellen
Körper besonders, den er sich vergegenwärtigt hat.

Unser jetzt und heute lebende Körper widerspiegelt das ganze Universum und da alle Materie zu-
sammenhängt, stellt auch die Seele
das gesamte Universum dar, da sie
den Körper präsentiert, der ihr in
einer besonderen Weise angehört.

§ 63

Der Geisteskörper wohnt in einem Körper, den wir als Lebewesen sehen, das nach Erfüllung strebt. Dieses Lebewesen hat dazu eine Seele, die durch Instinkt und Intuition siegt. Der Körper eines Lebewesens - selbstverständlich auch der Tiere - ist im Einklang mit all seinen Funktionen. Wenn jeder Geisteskörper auf seine Art ein Spiegel des Universums ist und das Universum eine vollkommene Ordnung besitzt, muss es auch eine Ordnung in den Vorstellungen sowie den Wahrnehmungen der Seele und folglich in dem Körper geben, der sich im Universum darstellt.

§ 64

So ist jeder organische Körper eines Lebewesens eine Art Liebesma-
schine oder ein natürlicher Auto-
mat, der alle künstlichen Automa-
ten nach allen Maßstäben über-
trifft. Denn eine durch die Kunst
des Menschen verfertigte Maschine
ist nicht in jedem ihrer Teile
künstlich zusammengesetzt. Ein
Beispiel: Der Chip eines Computers
hat Teile oder Abschnitte, die für
uns nichts künstliches mehr sind,
nichts mehr haben, was in Bezug
auf den Gebrauch des Computers
bestimmt war und auf eine Maschine hinweist.

Die Maschine der Natur aber, d.h.
die lebenden Körper, sind noch in

ihren kleinsten Teilen Maschinen bis ins Unendliche. Dies macht den Unterschied zwischen der Natur und der Kunst aus, d.h. zwischen der Liebeskunst und der unsrigen.

§ 65

Die Liebe hat dieses liebevolle und unendlich wunderbare Kunstwerk ausführen können, weil jedes Materienteil bis ins Unendliche teilbar ist, wie schon die Philosophen der Antike erkannt haben. Jedes Teil ist unendlich teilbar und jedes dieser Teile besitzt seine eigentümliche Bewegung: Anderenfalls wäre es unmöglich, dass jedes Materienteil das ganze Universum ausdrücken könnte.

§ 66

Daraus erkennen wir, dass es in den kleinsten Teilen der Materie eine Welt von Geschöpfen, von Lebewesen, von Tieren, von Geisteskörpern und von Seelen gibt.

§ 67

Jedes Teilchen kann als ein Garten voller Pflanzen und ein Teich voller Fische aufgefasst werden. Doch jeder Zweig der Pflanze, jedes Glied des Tieres, jeder Tropfen seiner Körpersäfte ist wiederum solch ein Teil.

§ 68

Und obwohl die Erde und die Luft zwischen den Pflanzen des Gartens oder das Wasser zwischen den Fischen des Teiches weder Pflanze noch Fisch sind, sind sie eins, aber meistens in einer für uns nicht wahrnehmbaren Feinheit.

§ 69

Das Nichts gibt es im Universum nicht: Nichts liegt brach, alles ist fruchtbar, alles lebt und Chaos und Verwirrung scheinen nur zu bestehen, ähnlich dem Bild eines Teiches, bei dem man aus der Entfernung eine verworrene Bewegung und gleichsam ein Gewimmel von Fischen wahrnehmen würde, ohne die Fische selbst zu erkennen.

§ 70

Wir folgern daraus, dass jeder lebende Körper einen herrschenden Geisteskörper besitzt, der beim Tier die Seele ist; aber die Glieder dieses lebenden Körpers sind voll von anderen pflanzlichen und tierischen Lebewesen, die jedes wiederum eine Zweckverwirklichung in sich tragen.

§ 71

Versteht mich nicht falsch: Die
Seele besitzt keine Masse oder ei-
nen Materienteil, die ihr eigen ist
oder ihr für immer gehört. Die
Seele ist nicht der Herrscher und
der Körper der Diener. Denn alle
Körper befinden sich ähnlich den
Strömen in einem ständigen Fluss:
Sterben ab und erneuern sich im-
mer und ewig.

§ 72

Die Seele wechselt den Körper nur allmählich und gradweise und wird niemals auf einen Schlag aller ihrer Organe beraubt. Unser Körper kann eine andere Gestalt annehmen, unsere Seele sich jedoch nur durch Vergegenwärtigen allmählich fortbilden. Eine Seele benötigt einen Körper und ein Körper lebt nur mit einer Seele. Nur die Liebe ist von Allem unabhängig.

§ 73

Daher gibt es genau genommen auch niemals eine völlige Neuentstehung oder einen vollkommenen, in der Abgeschiedenheit der Seele bestehenden Tod. Und das, was wir Zeugung nennen, ist Entwicklung und Wachstum, Tod dagegen Einengung und Verminderung.

§ 74

Die guten Ratgeber unserer Zeit sind hinsichtlich des Ursprungs der Formen, der zweckverwirklichenden Kraft oder Geisteskörper immer noch in Verlegenheit. Wenn man sich heute aufgrund der exakten Forschungen der Naturwissenschaft, die über die Pflanzen, Insekten und Tiere und des Atoms angestellt werden, bewußt ist, dass die organischen Körper der Natur niemals Erzeugungen eines Chaos oder eines Zerfalls sind, sondern immer von Erzeugungsstoffen, in denen es zweifellos irgend ein Gen gibt, hat man geschlossen, dass nicht nur der organische Körper schon vor der Empfängnis darin sei, sondern auch ein Geisteskör-

per in diesem Körper. Anders ausgedrückt: Im Geisteskörper ist das
Geschöpf schon vorhanden und bei
der Entstehung ist es befähigt, verändert auch ein Geschöpf anderer
Art zu werden. Ähnliches beob-
achten wir auch außerhalb der
Zeugung, wenn etwa Maden zu
Fliegen und Raupen zu Schmetter-
lingen werden.

§ 75

Lebewesen, von denen einige durch Empfängnis auf die Stufe höherer Geschöpfe erhoben werden, können durch Empfängnis „Erzeugte" genannt werden; diejenigen unter ihnen aber, die auf ihrer Stufe bleiben, d.h. der größte Teil, werden geboren, vermehren sich und vergehen: Es gibt nur eine kleine Anzahl Auserwählter, die in höherer Form wiedergeboren werden.

§ 76

Das aber ist nur die Hälfte der Wahrheit: Wir können schließen, dass ein Geschöpf der Natur niemals beginnt zu existieren und somit auf natürliche Weise nicht enden kann, dass es nicht nur keine echte Zeugung, sondern auch keine vollständige Zerstörung und genaugenommen keinen Tod gibt. Und dieser aus der Erfahrung gewonnene Schluss stimmt vollkommen überein mit den von uns oben festgestellten begrifflichen Gesetzmäßigkeiten.

§ 77

Wir erkennen daraus, dass nicht nur die Seele, nämlich der Spiegel eines unzerstörbaren Universums, unzerstörbar ist, sondern das Geschöpf selbst, obwohl seine äußere Gestalt oft teilweise abstirbt und organische Hüllen ablegt oder annimmt.

§ 78

Diese Gesetzmäßigkeiten haben uns zu der Erkenntnis gebracht, auf natürliche Weise die Vereinigung oder besser die Übereinstimmung von Seele und organischem Körper zu erklären. Die Seele folgt ihren eigenen Gesetzen und der Körper den seinen und beide stimmen überein kraft der Harmonie zwischen allen Geisteskörpern, da sie Vorstellungen eines und des selben Universums sind.

§ 79

Die Seelen bewegen sich auf ihre
Erfüllung zu, indem sie Mittel und
Zweck suchen, um zur Erkenntnis
zu gelangen. Der Körper bewegt
sich nur durch einen Anstoß und
beide Ebenen, das des aktiven Su-
chens und des passiven Empfan-
gens befinden sich in Harmonie
miteinander.

§ 80

Man hat erkannt, dass die Seelen den Körpern keine Kraft mitteilen können, weil die Menge der Kraft in der Materie immer gleich ist. Dennoch glaubte man, dass die Seele die Richtung der Körper ändern könne. Doch wissen wir heute, dass die Richtung und Dynamik der Materie stetig bleibt. Wenn man das berücksichtigt, erkennt man das System der vorherbestimmten Harmonie.

§ 81

Danach ist der Körper tätig, als ob es keine Seele gäbe - was natürlich nach dem vorher Genannten unmöglich ist -, und die Seelen, als ob es keinen Körper gäbe, und beide sind tätig, als ob eins das andere beeinflussen würde.

§ 82

Wenn wir erkennen, dass Geisteskörper bei allen Lebewesen und
Geschöpfen im Grunde dasselbe
sind, nämlich als Geschöpf und
Seele nur mit der Welt beginnen
und nicht eher als die Welt enden
können, dann unterscheiden sich
die Geisteskörper in ihrem Erneue-
rungswillen: „Sobald aber diejenigen, die sozusagen auserwählt
sind, durch eine wirkliche Empfängnis zur höheren menschlichen Natur gelangen, sind ihre
sensitiven Seelen zur Stufe der
Vernunft und dem Vorrecht der
Geister erhoben."

§ 83

Neben den bereits in den §§ 65 - 75 behandelten Unterschieden zwischen den gewöhnlichen Seelen und den Geisteskörpern, gibt es noch den, dass die Seelen im allgemeinen lebende Spiegel oder Bilder des Universums sind. Die Geisteskörper jedoch sind darüberhinaus noch Bilder der Liebe selbst, der Urheberin der Natur und fähig, das System des Universums zu erkennen und sogar in architektonischen Meisterleistungen fortzubilden, da jeder Geisteskörper in seinem Bereich das Universum selbst ist.

KAPITEL 5

Eine Utopie - der Liebesstaat

§ 84

Die Geisteskörper sind fähig, eine Gemeinschaft mit der Liebe einzugehen, deren Verhältnis nicht die Liebe einer Gewohnheit ist, wie alle Geschöpfe sich irgendwie irgendwann nahe fühlen zu glauben, sondern die Liebe beherrscht und liebt ihre Familie.

§ 85

Daraus erkennen wir leicht, dass die Vereinigung aller Geisteskörper den Liebesstaat schafft d.h., den vollkommensten Staat, der unter dem absolut besten aller Herrscher möglich ist.

§ 86

Dieser Liebesstaat - diese wahrhaft universelle Herrschaft - ist eine moralische Welt in der natürlichen und der erhabensten und liebevollsten unter den Werken der Liebe: Darin besteht wahrhaftig der Ruhm der Liebe, die es nicht geben würde, wenn ihre Größe und ihre Güte von den Geisteskörpern nicht erkannt und bewundert würde. Auch macht die Beziehung zu diesem Liebesstaat im eigentlichen Sinn ihre Güte aus, während sich ihre Weisheit und ihre Macht überall zeigen.

§ 87

Wir haben oben einen vollkommenen Einklang zwischen den beiden natürlichen Ebenen, den Ursachen unseres Handelns und der Zwecke dafür nachgewiesen. Also müssen wir hier noch eine andere Harmonie in die Betrachtung ziehen: die zwischen dem „physikalischen" Bereich der Natur und dem moralischen Bereich des Verständnisses, der Verzeihung und der Anerkennung, d.h. zwischen der Liebe als dem Urheber der „Maschine" des Universums und der Liebe als dem Herrscher des liebevollen Staates der Geisteskörper.

§ 88

Der Kosmos besteht und vergeht jederzeit: Diejenigen, die im Einklang mit den kosmischen Gesetzen leben bestehen, diejenigen, die dagegen handeln, werden ihre Erfüllung niemals finden.

§ 89

Wenn wir den Gedanken weiterführen, erkennen wir die Liebe als Ursache von allen unseren Handlungen und gleichzeitig als die Kraft, die alles Realität werden lässt. Natürlich nach allen Seiten: Mangel an Liebe führt zu negativen Ergebnissen entsprechend den universellen Gesetzen und bereits nach unseren naturwissenschaftlichen Erkenntnissen ist dies erklärbar. Wirkliche Liebeshandlungen tun uns körperlich gut, bringen uns seelisch ein Glücksgefühl und wir sind erfolgreich, vielleicht nicht sofort oder dort, wo wir es gerade erwarten.

§ 90

Unter der vollkommenen Regierung der Liebe werden unsere guten Handlungen belohnt und die negativen uns schaden. Ziel ist das Gute, also die Gemeinschaft der Geisteskörper, die in Harmonie mit diesem Liebesstaat leben. Diese vertrauen auf das Vorherbestimmte und ihre Führung, sie lieben sich und die universellen Gesetze. Allein das Streben nach Liebe ist bereits Belohnung: Wenn wir sie uns vergegenwärtigen, empfinden wir Glück und Freude an der Vollkommenheit dieser reinen und wahren Liebe. Auf uns selbst fällt zurück, was wir an Liebe geben. Die lieben und erkennen stimmen mit der sich selbst verwirklichenden Kraft der Liebe überein. Sie vertrauen der Führung der Liebe, die am Anfang sich auch nicht durch „transzendale" Methoden vorhersagen lässt.

Doch genügt es zu wünschen, die Liebe anzuziehen ohne zu hadern: Wenn wir uns dies vergegenwärtigen, tun wir das beste für alle Menschen und für uns ganz persönlich. Die Liebe ist unsere Existenzgrundlage und Antrieb unseres Handelns und Lebens, sie ist unsere Führung und Anfang und Ende unseres Strebens: Sie allein bewirkt unser menschliches Glück.

Ende